해파리의 뼈

Jellyfish Bones by Donald Gilbert

Copyright(c)1980, 1988, Donald Gilbert Published by Blue Dolphin Publishing, Inc. p.o.Box 8 Nevada City, CA 95959 U.S.A. ALL RIGHTS RESERVED

Korean Translation rights ⓒ 2004 by Sodam&Tae-Il Publishing House
This Korean edition is published by arrangement with Blue Dolphin Publishing, Inc. through /OPTION/ Agency, Seoul, Korea

이 책의 한국어판 저작권은 /옵션/에이전시를 통한 Blue Dolphin Publishing와의 독점계약으로 소담&태일 출판사에 있습니다. 한국 내에서 보호를 받는 저작물이므로 무단전재와 무단복제를 금합니다.

해파리의 뼈

펴낸날 2004년 3월 2일 초판 1쇄 **지은이** 도널드 길버트 **옮긴이** 윤구용 **펴낸이** 이태권 **펴낸곳** 소담출판사 서울시 성북구 성북동 178-2 (우)136-020 **전화** 745-8566~7 **팩스** 747-3238 **E-mail** sodam@dreamsodam.co.kr **등록번호** 제2-42호(1979년 11월 14일) **홈페이지** www.dreamsodam.co.kr **기획 편집** 박지근 이장선 가정실 구경진 마현숙 **미술** 김미란 이종훈 이성희 **본부장** 홍순형 **영업** 박종천 장순찬 이도림 **관리** 유지윤 안찬숙 장명자

ⓒ 소담, 2004
ISBN 89-7381-793-0 03150
●책 가격은 뒤표지에 있습니다.

해파리의 뼈

철학 강아지 웅크와 페피토의
맛있는 진리 탐험

도널드 길버트 지음 | 윤구용 옮김

소담출판사

소개의 글

 이 유쾌한 책『해파리의 뼈』에서 길버트 선사는 훌륭한 그림과 해설로 선禪의 진리를 생생하게 보여준다. '선'은 그리스도와 부처, 노자, 마호메트 등 영혼의 음식을 먹는 사람 모두와 더불어, 영혼의 음식을 먹고 영혼의 음식이 되고 '존재'를 영혼의 양식으로 주는 것이다. 영혼은 '존재'에서 자양분을 흡수한다는 것을 우리는 잘 알고 있다.

 역사적으로 보면 선은 불교에서 나왔지만 사실 선은 고대 '지혜의 가르침'이요 모든 신앙과 종교를 아우르는 상위의 가르침이다. 선은 학문적 연구나 심리요법이 아니다. 선은 '미친 지혜'요 전체로 사는 것이며 인간의 영혼을 해방시키는 직접적인 체험이다. 선은 존재에 대한 느낌이고 영감이며 직관적인 이해이다. 가슴을 무겁게 하는 말들이 이 시대를 어둡게 하고 있다. '신'과 종교, 영성 등이 딱딱하게 조직화된 이때, 경이와 창조성은 어디에 있는가? 당신이면서 당신이 아닌, 가슴의 내면적 표현인, 당신의 '전존재'인, 벌거벗은 아름다움은 어디에 있는가?

청 룡

　서양은 용을 사악한 동물이라고 생각한다. 하지만 동양의 역사속에서는 그렇지 않다. 중국 고대에 용은 복福과 번영을 상징하는 동물이었다. 용은 우주의 무한한 힘을 상징한다. 청룡은 겨울철에 땅 속에서 살다가 봄이 오면 하늘로 올라가 대지에 비를 뿌리고 다시 생명을 잉태한다고 한다. 용은 또한 '위대한 지혜'의 상징이다. 주역에서 용은 사신四神의 하나이다. 주역의 첫 번째 괘(창조성)는 사신과 용의 힘을 상징한다.

선의 자취

선을 불교라 생각하지만
선 불자는 부처님과 같이
진리를 구하는 데
완전히 자유롭다는 점에서
부처님의 제자이다.

선은 긍정과 부정
너머에 있다.
전체성과 창조성으로 살면
존재가 된다.
'존재하라'고 선은 말한다.

선은 추종자를
모으려 하지 않는다.
존재의 전체성과 창조성으로
선의 사람을 입문시킨다.

대혜 선사 도널드 길버트

역사가 전하는 바에 따르면, 약 520년경 선의 개조인 보리달마菩提達磨에 의해 대승불교의 가르침이 인도에서 중국으로 전해졌다고 한다. 이보다 훨씬 이전에 소승불교가 중국에 도입되었지만 대중에 퍼지지는 못했다. 그러나 도교와 유사한 점이 많은 대승불교는 도교의 가르침을 흡수한 결과, 중국에서 융성하게 되었다.

이때 대승불교와 도교와의 만남으로 선禪이 태어났다. 중국어로 선은 '찬'으로 발음되며 이는 '명상'을 뜻하는 산스크리트 '디아나dhyana'의 음역音譯이다. 후에 이 가르침은 한국으로 건너와 '선'이 되었고 일본에서는 '젠'이 되었다. 선은 또한 '심경心經'이라고도 한다. 이때의 마음心은 보통의 마음이 아니라 '부처의 마음' 혹은 '궁극의 마음'을 뜻한다.

선의 가르침은 이러한 전래 과정에서 약간씩 변화했다. 이들 모두는 불교라는 면에서 그 근본은 같지만 여기저기 사뭇 다르다. 인도의 '디아나(명상)' 수행은 중국의 찬 수행과 완전히 동일하지 않으며 찬은 선과, 선은 젠과 완전히 동일하지 않다.

보리달마는 자신의 가르침의 정수를 이렇게 표현했다고 한다.

교외별전教外別傳
불립문자不立文字
직지인심直指人心
견성성불見性成佛
법은 교설 밖에서 따로 전하고
말과 언어에 얽매이지 않으며
사람의 마음을 바로 가리켜
본성을 보아 깨닫는다.

보리달마의 말에 따르면, 유한한 관념으로는 무한한 진리를 담을 수 없다. 논리적인 추론은 본질적으로 위험한 함정이다 (논리는 그 개념이 갖는 범주의 틀 때문에 한계적일 수밖에 없다). 선은 철학이 아니라 생명 에너지이다. 선은 현상과 지각의 한계적인 각성이 아니라 '무한 의식'이다.

'관념'을 폭식한 결과, 우리는 말과 생각으로 가득 차 있다. 다시 말하면, 말과 생각으로 배가 너무 불러서 생명의 춤을 출 수 없게 되었다.

선은 '말의 표현'을 구하지 않는다. 선은 '삶을 사는 것'을 구한다! 독자 여러분은 이 책을 읽으면서 이 점을 유념하기 바란다!

진리와 지혜를 찾아 떠나는 웅크(만화 주인공)를 보면서, 지혜는 지식이 아니고 진리는 지적인 이해가 아님을 기억하자. 참지혜는 직관에서 나온다. 그러므로 선은 사토리Satori, 반야般若의 깨우침, 직관에서 오는 참된 앎knowing을 가리킨다. 이러한 깨우침이 일어나야 참선을 시작할 수 있다. 예를 들면, 선사는 웅크를 주장자로 한방 먹이는데, 이는 심오하고 자비로운 가르침이다. 진리를 말로 표현하면 오히려 진리에서 멀어지기 때문이다.

능가경楞伽經에 이런 말이 나온다.

"궁극의 진리는 안팎으로 모든 형상을 떠난 마음 자체이다. 어떤 말도 마음을 표현할 수 없으며 어떤 분별도 마음을 드러낼 수 없다."

능가경이 말하는 마음은 보통의 마음이나, 관념과 분별심으로 가득 찬 마음을 뜻하지 않는다. 논리적인 추론이나 감정이 나오는 곳을 뜻하지도 않는다. 그러기보다, 능가경의 마음이란 모든 사념과 감정을 떠난 자리를 말한다. 이 마음은 자연이고 실체이며 불성(만물이 나오는 자리)이다.

그렇다면 선은 무엇인가? 당신이 선이다! 선의 접근방법은 지금까지 쌓아온 모든 것을 벗어버리는 것이다. 선은 우리에게 알몸이 되라고 가르친다. 선이 의도하는 것은 당신을 알몸으로 만드는 것이다. 작은 마음 안에 쌓아온 모든 것을 완전히 없애야 한다. 우리는 마음이 쌓아온 것을 진짜로 알고 착각하며 산다. 앞으로도 그러한 마음으로 세상을 살아가며 고통받을 것이다. 때문에 우리는 마음이 쌓아온 것을 완전히 비워 없애야 한다.

선은 직관적인 앎을 목적으로 한다. 일상적인 의미에서의 직관이 아니라 앎 자체로 들어가는 직관을 말한다. 선은 일상적이고 논리적인 한계를 넘어간다. 선은 이성理性으로 찾을 수 없다. 선의 목적은 모든 현상세계가 나오는 자리로 들어가는 것이다. 이것은 반야이고 반야의 작용이다. 이것이 바로 만물이 나온 자리이다. 논리를 초월하여 사토리를 체험할 때 이를 깨달을 수 있다.

웅크는 자신의 본성을 깨달아야 한다. 깨달음의 본성은 이성으로도, 감성으로도 헤아릴 수 없다. 그것은 원인도 아니고 결과도 아니다. '깨닫는 것'도 아니고 '깨달아지는 것'도 아니다.

있는 그대로 본성을 깨닫는 것은 웅크에게도 가능하다. 누구에게나 가능하다.

웅크는 세상을 현상의 세계로 본다. 그의 시야는 대상에만 좁혀져 있다. 자신의 육체적인 모습을 비롯해서 모든 사물을 객체客體로 본다. 그는 자신의 몸과 마음을 생각할 때도 틀에 박힌 관념으로 본다. 그리고 나타난 현상에 집착한다. 현상의 세계가 완전히 비워지면 존재(절대 본체)가 드러난다. 깨달음은 그냥 '있음如如'으로 사는 것이다. 이를 머리로 이해하려 들지 마라. 현상을 택하는 것도, 본체를 택하는 것도 모두 이중성의 세계이다. 아직도 분별심이 남아 있는 것이다. '있음'은 그냥 '있음'이다. 말의 세계 너머에 있다.

이 작은 책의 내용은 가볍고 유쾌하면서도 선에 그 뿌리를 두고 있다. 이를 온전히 이해한다면 독자도 '한 손으로 치는 손뼉 소리'를 듣게 될 것이다.

선은 오직 마음Mind만이 존재한다고 말한다. 마음이 지어내는 감각과 감정, 그리고 보이는 세계는 모두 꿈이다. 사람은 사물 너머를 보지 않는다. 사물은 마음이 지어낸 것이다. 대부분의 사람들에게 이 세계는 진짜로 보인다. 자신이 꿈의 일부가 되었기 때문이다. 꿈은 자아가 감각의 입력을 받아서 외부 대상에 대응하는 상像으로 변환시킬 때 일어난다. 이렇게 해서 에고라는 도둑이 태어나 자신이 삶을 살고 있다고, 삶을 이끌어가고 있다고 생각한다. 이 또한 꿈의 부분이다. 이 에고는 가짜 자아이다. 도둑이 꿈속에서 자기가 살고 있다고 고집하는 한, 도둑은 꿈속에서 걱정과 좌절과 고통의 격랑을 겪는다.

사토리는 누가 사기꾼이고 가짜 자아인지 있는 그대로 보여준다. 눈뜨고 보면, 꿈꾸는 자아는 사라진다. '진아眞我'가 꿈을 지켜본다. '꿈꾸는 자dreamer'는 사라지고 '꿈dreaming'만 남는다. 다른 말로 하면 내가 삶을 사는 것이 아니라 삶이 나를 사는 것이다. 꿈에서 깨어나지 않으면서도 꿈이 꿈이라는 것을 완전히 자각한다.

대혜 선사 도널드 길버트

Jellyfish Bones 01

    진리란 '어디서나' 구할 수 있는 것인가? 진리란 현존하는 것 같지 않아 보이지만 항상 현존하는 것은 아닌가? 진리가 없다면 무엇으로 '이것이 진리다'라고 판단을 내릴 수 있는가? 인식의 한계와 조건화와 무지의 좁은 마음으로 진리를 판단할 수 있는가? 진리가 구도 대상이 될 수 있다는 생각은 진리 자체를 부정하는 것이 아닌가?

    구도자의 문제는 또한 어떤가? 구도자란 존재할 수 있는가? 무엇을 구한다는 것 자체가 가능한 일인가? 진리가 드러나려면 구도자가 사라져야 하는 것은 아닌가?

    마음으로 찾은 진리는 올바른 것인가? 한정된 작은 마음에 대한 집착과 무지가 진리일 수 있는가? 그런 진리는 환영幻影이 아닌가? 이미 이 자리에 현존하는 것을 찾아 다른 곳을 찾아가는 것이 과연 맞는 일인가?

Jellyfish Bones 02

  나툼(드러남)의 세계에서 요동치는 마음이 '근원 없는 근원'의 신비를 풀려고 하면 결국 막다른 골목에 몰리고 깊은 심연에 빠지게 된다.

웅크는 여우 폭시와 첫 대면을 하고 있다. 여기서 폭시는 가짜 예언자나 흉내쟁이, 사칭자詐稱者의 역할로 진리를 구하는 사람이나 구도에 대해 잘 모르는 사람들을 이용해 돈을 버는 자들을 상징한다.

진리를 구하는 사람은 그 이면을 보면 사실 진리를 피하고 있거나 진리로부터 벗어나고 싶어하는 사람들이라는 것을 폭시는 잘 알고 있다. 또한 그는 진리를 구하는 사람들은 자기 구미에 맞는 진리나 자신의 고정관념에 맞는 비진리만을 구하고 있음을 잘 알고 있다.

진리를 구하기 전에 자기 내면의 모습을 잘 들여다보아야 한다. 마음이 어떻게 움직이는가? 자신의 진리를 내면에서 발견해야 하는 것은 아닌가? 이를 깨닫는다면 가짜나 사기꾼에게 이용당하지 않아도 될 것이다.

Jellyfish Bones 04

관념의 세계에서 진리를 구하는 사람들이 있는데 가장 위대하다고 하는 천재도 절대진리를 찾지 못했다. 왜? 왜냐하면 진리는 관념과 사념의 세계 너머에 있기 때문이다. 진리는 주관적이지도 객관적이지도 않으며 형상도 위치도 없다.

관념으로 진리에 접근하면 조만간 심연으로 떨어지게 되어 있다. 그래서 대부분은 웅크가 그랬듯이 처음 시작했던 곳으로 되돌아오고 만다. 관념으로 가는 길은 부드러운 털(다수)과 같고 직관으로 가는 길은 뿔(소수)과 같다는 말이 있다.

여기 캥거루 씨는 웅크에게 관념의 길을 버리고 심연 속으로 뛰어들라고 말한다. 그렇게 하면 직관적으로 진리를 찾게 될 것이라는 말이다.

Jellyfish Bones 05

  관념적 진리는 관념을 일으키는 사람의 한계를 드러낼 수는 있지만 유한한 관념이 나오는 무한한 근원을 드러내지는 못한다.

Jellyfish Bones 06

 폭시는 웅크가 진리를 찾기보다는 흥미거리를 찾고 있음을 여실히 보여준다. 진리(웅크가 찾고 있는)라는 것은 대면할 수 있는 대상이 아니다. 웅크는 존재의 불을 찾기보다는 불에서 나오는 연기에 매혹된 것이다. 그는 '나와 너'라는 미망에서 빠져나오려 하지 않는다.

Jellyfish Bones 07

  '잡힌 물고기는 죽은 물고기다' 라는 고대 불교의 말이 있다. 진리란 잡을 수도, 규정할 수도 없다는 말이다. 그러면 죽어버리기 때문이다. 진리는 무한해서 유한한 말에 가둬놓을 수 없다. 말에 갇힌 진리는 '죽은 물고기'이다. 무한을 틀 지우니 이는 당연한 귀결이다.

Jellyfish Bones 08

여기서 웅크는 후(hoo)를 후(who)로 착각하고 있다. 그의 잘못은 이것밖에 없다. 웅크는 자신의 이름, 자신이 쌓아온 조건화가 참된 자기라고 믿는다.

무엇이 웅크에게 활력을 불어넣는가? 웅크에게 재산이나 소유물은 어떻게 보이는가? 웅크는 자신이 무한한 존재이며 보이는 세계는 무한한 세계의 모습에 불과하다는 것을 깨우쳐야 하리라. 자기 자신에 대한 생각이나 관념은 유한하다. 그가 '무한성'이라는 관념을 떠올린다 해도 유한하기는 마찬가지이다.

*아무 뜻 없는 감탄사 후hoo는 '누구'라는 말의 'who'와 발음이 같다.

웅크가 "그러니까, 제 생각에는……"이라고 말하자마자 선사의 주장자가 날아온다. 주장자에 대한 웅크의 반응은 즉각적이다. 가짜 자기의 간섭이 없다. 이렇게 순간적으로 일어나는 일 속에 문제의 핵심이 있다. 하지만 우리는 진리―우리 자신이 진리이다―를 만나지만 가아假我라는 여과기를 통해서 반응한다. 가아를 통해 반응하면 조건화와 무지와 편견이 드러나고 반야의 지혜가 숨는다. 그러나 이러한 무지와 편견의 반응 또한 그 순간의 진리이다.

용은 '무無'에 대해서 말하고 있다. 다른 말로 하면 '없음'이다. 사실 '없음'도 아니다. 한마음만 존재한다.

웅크의 마음은 아직도 이중적으로 움직이고 있다. 그가 모르고 한 말이지만, "용이란 건 없어"라는 말은 진리이다. 웅크가 "나만이 존재한다, 사물은 존재하지 않는다"라는, 용의 말이 함축하고 있는 진리를 깨닫는다면 용 스승과도 장난을 칠 수 있으리라!

위대한 가르침은 이것을 애써 설명하려고 노력하는 사람들에 의해 모두 뒤틀리고 더럽혀진다.

세상의 어떤 설명도 진리를 드러낼 수 없다고 선은 강조한다. 우리가 진리에 의해 드러나는 것이지, 진리가 우리에 의해 드러나는 것이 아니다. 진리는 관념이 아니다. 생각으로 포착할 수 없는 것이다. 그 이상이다. 나아가서 생각으로 포착할 수 없는 것도 아니다.

서양의 마음은 항상 내일을 보고 산다. 진리는 이 순간에 현존하지만 사람들은 미래 언젠가 신비롭게 진리를 찾을 것이라고 생각한다.

많은 사람들이 여기의 웅크처럼 하고 있다. 그들은 '구도求道'라는 거창한 이름에 빠져 있다. 그리고는 '구도자'가 된다. 진리를 다른 것에 투사하면 진리의 현존을 알아볼 수 없다.

Jellyfish Bones 14

사랑하는 독자 여러분!

불독 선사가 한 말, "'그래' 나 '그렇지 않아' 의 없음의 없음이다"를 잘 생각해 보십시오.

추신 : 당신이 만약 개념이나 결론과 같은 생각에 도달한다면 웅크의 환영을
받으며 '웅크 동호회' 에 가입할 수 있습니다.

Jellyfish Bones 15

자신을 보고 웃을 수 없다면 원숭이를 보고도 웃지 마라!

'나'는 순수 주체로, 움직이지 않는다. '너'는 드러난 객체로, 주체와 분리되어 있지 않으며 행위의 주인은 될 수 없다.

'무無가 무 속으로 들어갈 수 있다'고 하는 모순적인 말이 선사의 가르침이다.

자신도 모르는 사이에 훌륭한 공안을 말하고 있다. 당신이 이 공안을 풀면 용이 그 모습을 드러낼 것이다.

진리를 사고 팔 수 있는가? 사는 사람이나 파는 사람이 진리를 알아보기는 하는가? 하지만 어쩌면 진리는 사고 파는 거래 안에 존재할지도 모를 일이다.

폭시는 시간당 3달러를 벌기 위해 웅크가 바닷가를 계속 파기를 바라는 것 같다. 그는 웅크가 무엇을 파고 있는지에 대해서도 정확한 대답을 피한다. 종종 진리는 정도를 벗어난, 약삭빠른 수련으로 거죽만 남기 십상이다.

Jellyfish Bones 20

우리 대부분은 지식을 산더미처럼 쌓아올리고 그 속에서 진리를 찾을 수 있기를 바란다. 우리가 진리를 놓친다 하더라도 진리는 우리를 놓치지 않는다는 것, 이것이 진리이다.

웅크는 비밀을 지키는 일에 어수룩하다. 진리를 발견했다면 마땅히 비밀로 간직해야 하리라! 하지만 웅크라면 자신도 모르는 사이에 말해버릴 것이다. 그래서 허황한 말로 진리를 망쳐버릴 것이다.

Jellyfish Bones 22

전혀 예기치 못한 가운데 웅크에게 진리가 찾아왔다.

진리는 보통 그렇게 온다. 아니, 진리는 우리가 찾든, 안 찾든 항상 현존하고 있다. 우리가 그것을 알아보느냐, 아니면 계속 해파리 뼈를 찾느냐는 전적으로 본인에게 달려 있다.

언어의 세계에서는 가장 뻔뻔스러운 속임수조차 진리처럼 들리기도 한다. 생생한 근원의 한계성과 무한성이 똑같이 드러날 수 있도록 간교하고 논리적인 마음을 초월할 수 있을까?

이번 만화는 함정을 그리고 있다. '진리'가 해파리 뼈처럼 지각할 수 없는 것이라고 생각하면 그것은 분별심이다. 지각할 수 있는 것을 버리고 지각할 수 없는 것을 취했는가? 알 수 있는 것을 버리고 알 수 없는 것을 택했는가? 존재하는 것을 버리고 존재하지 않는 것을 선택했는가? '진리'는 취하거나 선택할 수 있는 대상이 아니다. 지각할 수 있는 것이든 없는 것이든, 어느 쪽을 취해도 이중성이란 함정에 빠진다.

보는 자인 '나(I)'는 자신을 객체로서 본다. 주체가 객체를 본다고 하지만 주체와 객체는 작은 마음의 두 측면일 뿐이다. 주체는 객체가 있음으로써만 존재할 수 있고, 객체는 주체가 있음으로써만 존재할 수 있다. 둘은 분리할 수 없다. 사실 주체와 객체는 둘이 아니기 때문이다.

주체와 객체가 없으면 웅크의 '집'은 텅 빈 충만으로 가득 찰 것이다. 무한한 텅 빔으로.

Jellyfish Bones **26**

단순한 진리가 여기에 있다. 인간이 사는 이 땅을 버리고는 영적인 정상頂上에 도달할 수 없다.

여기서 웅크는 자신이 얼마나 열성적인 '구도자'인지를 보여준다. 웅크는 진리가 어디 다른 곳에 있다는 망상을 고집스럽게 달고 다닌다. 그러나 진리는 '전체'이며 웅크 자신도 진리의 한 부분이다. 현재 그가 진리를 지각할 수 없음도 그의 진리이다.

웅크는 진리를 찾기 위해 머리에 의존하고 있음이 분명하다. 가슴(직관)으로 보면 무한하고 성스러운 전체를 볼 수 있으리라!

꿈이 끊임없이 이어진다. 하지만 어느 순간, 꿈에서 깨어나는 날이 올 것이다.

진리를 외치는 것과 진리라는 메아리를 듣는 것에는 어떤 차이가 있는가?

우리는 이를 음양, 즉 능동적이고 적극적인 행동과 수동적이고 소극적인 행동이라고 한다. 진리 하나하나는 그대로 진리이지 결코 분리할 수 없다.

외치고 메아리를 듣고, 산으로 뛰어올라가 정상에 섰지만 진리를 알아볼 수 없는 웅크의 모습 하나하나가 모두 완벽한 진리의 모습이 아닌가? 웅크의 무지마저도 완벽한 진리가 아닌가?

페피토의 대답은 많은 것을 내포하고 있다. 웅크에게 세상은 대상의 세계로 보인다. 자신도 물질적인 대상으로 본다. 그의 '봄seeing'은 관념과 조건화들의 집합체이다. 그는 외부의 물질적 소유물이 내면의 자아라고 믿는다.

무한한 가능성을 담고 있는 웅크의 근원은 물건도 아니고 볼 수 있는 대상도 아니다. 그렇지만 웅크는 메아리를 좇는다. 객관적 세계를 좇는 객관적 자아의 나툼만 있을 뿐이다.

선사는 진리를 가리키고 있지만 웅크는 그 포인트를 완전히 놓치고 말았다.

우리는 종종 '내면 보기'라는 말을 한다. 내면을 들여다보면 무엇을 얻는가? 자기 자신을 얻는가?

보는 자도, 보여지는 자도 없다. 단지 '봄觀'만이 있을 뿐이다.

옛날, 한 스님이 조주에게 물었다. "개에게도 불성이 있습니까?"

조주가 대답했다. "무無!"

이는 선禪의 역사에서 가장 잘 알려진, 그리고 가장 강력하다고 하는 공안이다. 옛날 선사는 이런 식의 장벽을 쳐놓았다. 분별하는 마음으로는 이 장벽을 통과할 수 없다. 그런 장벽을 뚫고 '문 없는 문(無門關)'으로 들어가는 데 머리로 긁어모은 것은 쓸모 없다. '무'는 사물이 존재하지 않는다는 말이다. '무'가 무얼 가리키는 말이라고 한다면 '무 없음'이라는 측면도 존재할 수 있다. '예' 혹은 '아니오'는 없다. '예'와 '아니오'의 무만 있을 뿐이다.

무는 볼 수 있는 것이 아니다! 무가 되어야 한다!

*불성佛性: 지각이 있는 모든 존재의 본체本體.
*공안公案: 대답을 직관으로 해야 하는 마음 공부. 하지만 공안은 그 본성상 논리적인 말로 대답할 수 없다.

웅크는 항상 진리를 구한다고 말한다. 많은 사람들이 웅크처럼 말한다. 진리를 찾기 위해서라면 어떤 것이든 좇는다. 하지만 진리를 좇는 것은 진리를 피하는 것이다. 진정, 우리는 진리를 찾는 것을 원하지 않는다. 우리가 원하는 것은 '진리를 좇는 것'이다. 절대진리를 구하려고 하면 마음은 근심 걱정으로 가득 찬다.

웅크가 무엇을 좇아다닌다 해도 진리는 항상 여기에 현존한다. 진리를 찾지 못하는 웅크의 무력함조차도 진리이다. 진리는 항상 현존한다!

Jellyfish Bones 34

 우리 대부분에게 삶이란 자신이 아닌 다른 무엇이 되고자 애쓰는 과정이다. 자신의 대단함을 세상에 보여주기 위해 끊임없이 분투하는 과정이다. 이렇게 볼 때 삶은 감정적 반응—행복에서 절망까지, 사랑에서 증오까지, 평정에서 동요까지—의 연속이다.

 주장자의 '딱' 하는 소리에 웅크는 즉각적으로 반응했다. 조건화된 반응도 아니고, 가짜 자기假我의 과시도 아니었다. 웅크의 내면에 있는 진리가 순식간에, 즉각적으로 표현되었다!

웅크는 매순간 진리속에서 살고 있다. 하지만 무의식으로 진리속에서 살고 있다. 그래서 선사의 말은 웅크에게 아주 적절한 말이다. 웅크(진리의 한 모습)는 세상(진리) 속에서 생활하면서도 진리를 자각하지 못하는 것이다. 그런 의미에서 선사의 말은 옳다.

웅크가 깨어서 진리를 살면 그의 구도는 끝난다. 진리는 다른 어디에도 없다. 우리가 진리이다. 진리를 찾아 온 세상을 다 돌아다닌 끝에 어느 날 진리를 찾는다면 그때 진리는 항상 거기에 있었다는 사실을 깨닫는다.

웅크는 절대진리를 물었다. 세상에서 가장 좋은 슈퍼컴퓨터라고 해서 무한한 진리를 담을 수 없다. 말은 유한한 세계에서 사물을 구별하기 위한 도구일 뿐이다. 본질적으로 한계적이다. 유한한 말로 무한한 것을 담아보려 한다거나 말해보려 하는 것은 헛수고일 뿐이다.

유한한 것이 존재하려면 유한성을 넘어선 것이 먼저 존재해야 한다.

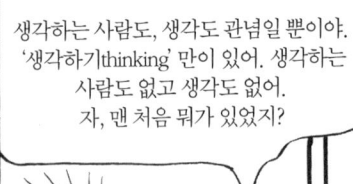
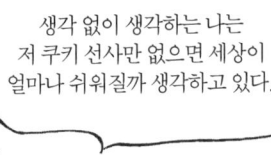

여기서는 설명이 필요없다. '생각'으로 이것을 이해할 수 있겠는가?

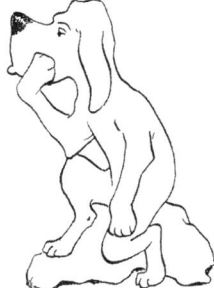

Jellyfish Bones 38

 웅크는 갇힌 시각으로 '전체 진리'를 볼 수 있을까? 설령 웅크가 '전체 진리'를 못 본다 하더라도 진리는 항상 현존하는 것이 아닐까?

Jellyfish Bones 39

진리가 드러나면 에고는 작아진다. 에고가 작아지면 무한한 존재가 선명히 나타난다.

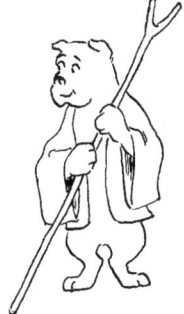

웅크는 여러 번 진리를 사려고 했다. 물론 진리는 존재하지만 웅크는 여우 폭시에게 속기만 했다. 웅크의 어수룩함은 끝이 없다. 폭시는 이를 잘 이용한다. 우리는 자신에게 이런 질문을 던져야 한다.

"나는 진리를 찾으면서 웅크처럼 진리를 사려고 하지는 않는가?"

이 나툼의 세계에서 매 순간이 진리의 순간이다. 진리는 전체적으로 현존하지만 우리의 눈이 너무 어둡다. 어둡다. 이것 또한 진리이다.

다시 한 번 우리의 페피토는 이를 직접적으로 가리켜보이고 있다.

구도는 이 땅에서 해야 한다. 진리는 이 땅에서 이루어지는 것이지 가식적인 초월의 세계에서 이루어지는 것이 아니다. 진리는 전체를 포괄한다. 우리의 인간적인 면도 포괄한다.

'나'가 진리를 소유할 수 없듯이 '나'가 초월의 경지를 소유할 수도 없다. 한 사람이 진실로 초월의 경지에 이르면 그것에 대해 말할 필요조차 못 느낀다. 여기 웅크가 초월을 얻었다고 자랑하는 것을 보면 그의 초월은 참다운 초월이 아니다. 웅크는 또다시 폭시의 계략에 걸려든 것이다.

노선사老禪師는 웅크에게 보는 자도, 보여지는 자도 없음을 가르쳤다. 우리는 감각기관을 통해 들어온 정보를 모아 관념을 만들어서 외부 대상을 지각한다. 웅크도 이런 식으로 '나는 누구이다'라고 지각한다. 생각속에 자기 자신에 대한 관념을 만들어 믿는 것이다.

웅크가 페피토에게 한 말은 맞는 말이다.

처음 명상을 시작하면 우리는 마음이 조용하지 않고 매우 소란스럽다는 사실에 놀란다. 마음은 머릿속에서 끊임없이 이야기한다. 심적인 동요와 불안으로 사념은 계속 요동친다. 우리는 자유의지를 가지고 있다고 생각한다. 하지만 명상을 해 보라. 당신의 자유의지와는 상관없이 온갖 생각이 제 마음대로 움직일 것이다. 명상을 위한 특별 수련을 한다 해도 사념이 계속 훼방을 놓는다.

어떤 이들은 외부의 소음을 이용해 내면의 소음을 잊으려고 한다. '지금'을 즐기려는, 떠들썩하고 열광적인 생활에 중독된 현대사회에서 사람들은 내면의 괴로움을 외부의 소란스런 생활로 감추려 한다.

웅크의 말을 들으면 일견 그럴 듯해 보인다. 페피토가 한 말을 '이해하면' 진리를 구하는 일이 농담으로 보인다.

웅크의 어리석은 행동을 보고 웃기 전에 우리 자신의 생활을 되돌아보자. 대부분의 바쁜 현대인들은 자기 머리 때리기에 바쁘다. 현대 생활의 참모습을 잊기 위한 것이다. 많은 이들에게 진리는 자신을 때리는 것보다 훨씬 더 고통스러운 것이다.

'탈속脫俗'은 종종 법신法身이나, 절대, 극락, 선, 불성 등으로 표현된다. 정확한 말은 아니지만 탈속을 초월적인 것, 즉 '본질'이라고 해보자. 세속世俗은 반야般若— '본질'의 작용—가 세상에 드러난 것이다. 즉, '본질'의 반야적 작용으로 세속과 현상의 세계가 나타난다.

반야는 빛과 같다. 사실은 빛 아닌 것이 없다. 다시 말해서, 우리의 구도는 무익하다. 그것은 현상을 찾는 본체이고 어둠을 찾는 빛이기 때문이다.

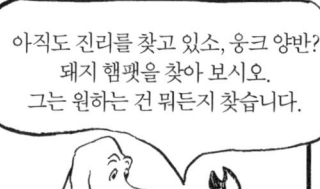

햄팻은 지혜로운 돼지이다. 그는 진리를 철학화하지 않는다. 진리(진미)의 냄새를 맡을 줄 아는 코가 있기 때문이다.

햄팻은 진미를 찾으면서 다른 것에는 전혀 신경 쓰지 않는다. 그는 자신만의 진리를 찾지, 다른 진리는 쳐다보지 않는다.

햄팻이 되어라! 햄팻의 코를 지녀라. 그러면 진리를 찾을 수 있다. 어마어마한 '진리 전체'가 아니라 '진미'를 찾으면 된다. 햄팻에게는 진미가 진리이다.

웅크는 진리가 '저기'에 있을 것이라고 생각한다. 그러나 '저기'에서 진리를 찾을 수 없다. '저기'는 웅크의 마음에 있을 뿐이다. 웅크 자신도 웅크의 마음에서 존재할 뿐이다. 웅크는 어떠한 사물도 보지 않는다. 그의 마음에 나타난 상像을 볼 뿐이다. 웅크가 상을 보는가? 아니면 '상 만들기imaging'만 존재하는가?

나툼의 웅크는 객체이다. 객체가 보는 것이 가능한가? 주체가 객체를 보는 것이 아닌가? 주체와 객체는 진정 나뉘어져 있는가? 단지 나툼만이 있는 것이 아닌가? 페피토는 간단한 말로 이에 대한 단서를 이야기한다. "이 뼈는 맛있어요!"

세상사를 말로 표현하려고 들면 함정에 갇힌다. 페피토는 이를 해학적으로 보여주고 있다.

웅크는 이제 자유의 몸이 되었다고, 그리고 이제 세상에 팔 것을 갖게 되었다고 생각한다. 그가 자유의 몸이 되었다고 생각하면 할수록 간교한 여우의 꾐에 더 많이 넘어간다.

미래를 보는 데 다봐 부인이 아무리 뛰어나다 할지라도 '전체 진리'를 말로써 표현할 수 없다. 그녀가 영안靈眼을 가지고 과거나 미래를 본다 해도 그것은 그녀의 마음을 통과하기 때문에 한계적일 수밖에 없다. 보는 자와 보이는 자가 있다고 생각한다면 그녀도 웅크처럼 속고 있는 것이다.

웅크는 마음이라고 하는 작고 메마른 땅에서 진리(깨달음)를 찾고 있다. 그는 머리를 써야 진리를 구할 수 있다고, 자신은 진리와 떨어져 있는 존재라고 고집스럽게 믿는다.

선사는 진리(깨달음)는 본체이기 때문에 현상의 세계에서 구해서는 안 된다고 지적한다.

웅크의 얼굴과 접시에 비친 얼굴, 둘 다 현실이다. 둘 다 마음이 지어낸 상象이다. 있는 그대로 보면 둘 다 무無이다. 웅크는 접시에 비친 모습이 무(없음)라는 것을 알 수 있음에도, 자신의 모습에 대한 집착 때문에 무를 놓치고 있다.

세상에는 위대한 해방자가 너무 많다. 해방자가 하는 일은 여우 폭시가 하는 일과 별로 다르지 않다. 폭시는 만병통치약을 판다. 이 약만 사면 스스로 노력할 필요가 없어진다. 해방자는 당신을 어떤 체계나 수행법에 묶어 놓는다. 당신을 다시 조건화한다. 이전의 미망迷妄이 새로운 미망으로 바뀔 뿐이다. 해방자는 '낮은 차원의 자아'를 '높은 차원의 자아'로 상승시켜준다고 약속한다.

해방자의 철학이 얼마나 심오하든, 그의 목적이 얼마나 훌륭하든 상관없다. 그는 어느 누구도 해방시킬 수 없다. 지적으로 논리 정연한 방편을 쓰든, 혼란을 야기하는 포기의 방편을 쓰든 상관없다. 아무도 타인을 해방시켜줄 수 없다. 타인은 존재하지 않기 때문이다. 오직 마음—봄seeing—만 있을 뿐이다. 보는 자seer는 없고 봄만 있을 뿐이다.

여기의 위대한 해방자는 상당히 정직한 편이다. 그가 지혜를 다른 사람에게 나눠줄 수 없다는 것은 맞는 말이다. 지혜는 내면에서 일어나기 때문이다.

모든 (외면상의)객체적 존재는 (외면상의)객체적 세계의 부분으로 보일지 모른다. 하지만 그러한 모든 것은 한마음이 드러난 것이다.

웅크에게 위대한 해방자의 행동이 어떻게 보였든, 그 모습은 웅크의 마음에 나타난 모습일 뿐이다. 유한有限의 것이 떨어져나가면 지혜가 우러나온다. 다른 말로 해서, 웅크가 객체적 세계는 존재하지 않는다는 것을(객체도 없고 주체도 없다는 것을) 깨달으면 반야(지혜)는 드러난다.

여기서 선사는 어린 페피토가 깨달았다는 사실을 암시한다. 인식의 한계에 구속받지 않는다는 점에서 페피토는 깨달았다. 그가 내리는 판단은 자아가 분리되었다는 미망으로 인한 인식의 한계에 방해받지 않는 반야의 작용이다.

용은 위대한 해방자에게 가장 수승殊勝한 공안을 준다. 이 공안을 풀면 용도 그 앞에 무릎을 꿇을 것이다.

진리(용)를 보게 되면 환각을 보고 있다고 생각하지는 않을까? 우리는 부분적 진리와 관념적 논리, 순전한 사기 등은 자연스럽게 받아들이지만, 무한한 진리의 일별一瞥은 정신이상이라고 생각한다.

직관으로 사물을 보는 이는 과연 얼마나 될까?

여기서 위대한 해방자는 무지를 드러낸다. 진리에는 더 위대한 진리도 없고 덜 위대한 진리도 없다. 진리에는 한계가 없다. 그러나 보통의 마음은 제한적으로 깨어 있다. 나타난 모습—마음에 떠오른 상—은 그 나름으로 진실된 면이 없지 않으나 '외부 세계'를 있는 그대로 비추지 못한다.

해방자의 마음은 에고, 오만과 자만, 자랑 등으로 가득하다. 그러나 그조차도 진리와 떨어져 있지 않으며 진리에서 떨어질 수도 없다.

선사는 가르침을 어떻게 전달해야 하는가를 잘 알고 있다. 무지한 웅크는 무지하게 대답한다. 웅크(혹은 선사)에 대해 판단을 내리기 전에 자신이 스승이나 제자의 역할을 제대로 해 본 적이 있는가 생각해 보자.

부처님은 변화하는 영원의 모습을 설명하기 위해 불꽃을 그 예로 들었다.

'진리는 대머리의 빗이다'라는 공안이 있다. 이는 제자가 궁극의 답을 찾으면서 머리를 쓰지 못하도록 하는 선사의 방편이다. 웅크는 공안을 듣자마자 머리를 굴린다. 그는 다시 불가능한 것을 찾기 위해 여우 폭시의 처분에 자신을 내맡긴다. 그는 핵심을 또 놓쳤다.

발모제를 떠올리지 않고 이 공안을 풀 수 있겠는가?

개념에 대한 정의定義는 본질적으로 한계적일 수밖에 없다. 어떤 정의는 이것의 형상과 성격은 특정 범위 내에 있다고 한다. 또 어떤 정의는 저것의 형상이나 성격은 없다고 한다. 정의는 특정 주제의 개념적인 한계를 설정한다. '형상이 없다'고 해도, 그 말은 형상적 한계만 제외할 뿐 한계가 완전히 없어진 것은 아니다.

선사는 언어로 가능한 유일한 답을 주지만 웅크는 이를 지적으로 받아들인다. 직관적으로 받아들이지 않는다. 하지만 크게 보면 말도 '진리'이다. 정의에 의한 말이 아니라면 말이다.

아무리 열심히 선을 배운다 할지라도, 아무리 큰소리로 선을 떠든다 할지라도 당장 삶 속에 현존하지 않으면 우리가 하는 말은 모두 앵무새의 말이 된다. 선의 세계는 많은 이들을 끌어당기지만 참된 수행자는 드물다. 다시 또 페피토가 실마리를 보여주고 있다.

웅크는 또 빗나갔다. 선사의 '할喝' 하는 소리는 생생한 선이다. 늘 그렇듯이 사람들은 선의 소리를 제대로 못 듣고 환영을 쫓아 정신없이 달려간다.

* '할'은 상대가 예상치 못한 가운데 벼락 같은 큰 소리를 질러 상대를 깨우치고자 하는 선의 외침.

선사는 웅크에게 유한한 것에서 무한한 것을 헛되이 찾지 말라고 꾸짖고 있다. 유한한 것도 무한한 것의 한 모습일지는 모르지만 유한한 것의 언어로 무한한 것을 지각하거나 설명할 수 없는 것이다.

Jellyfish Bones 69

여기서는 설명이 필요없다. 이큐 선사의 말을 명상해 보라.

*이큐(一休, 1394~1481) : 일본 막부시대의 고승.

Jellyfish Bones 70

    우리는 현상의 세계 너머 본체의 세계를 찾고 싶어하지만 현상의 세계에서 끝없이 빙빙 돌기만 한다.

만물에 '전체성wholeness'이 있다면 그것은 무한한 것이다. 그것이 무한하다면 밖이 없다. 밖이 없다면 안도 없다. 관념은 나눌 수 있다. 하지만 그 이외에는 어느 것도 나눌 수 없다. 웅크는 자신의 진리와 떨어져 있는 다른 진리를 구하고 있다. 그는 나눌 수 없는 것을 나누려 하고 있다.

Jellyfish Bones 72

웅크가 선사의 참뜻을 이해하면 문제는 사라진다.

웅크는 아직도 진리와 진리를 보는觀 사람은 다르다고 생각한다. 웅크가 진리이다. 그런데 그는 어디에 있는가?

많은 이들이 이런 상황을 겪는다. 현실을 벗어나고 싶다고, 달아나고 싶다고. 하지만 달아나 보면 새로운 환경은 더 불편하기 일쑤이다.

조 밀러Joe Miller 선사는 이렇게 말했다. "진리는 배우는 것이 아니라 먹어야 하는 것이다." 우리가 선의 완전한 각성으로 산다면 선은 주위로 자연스럽게 퍼져나간다.

진리와 함께 내려오는 은총을 누리소서!

대혜 선사 도널드 길버트

대혜 선사 도널드 길버트는 1973년 7월에 한국의 큰스님인 일붕一鵬 서경보 선사의 미국측 법 계승자로 인가를 받았다. 길버트 선사는 〈세계 선 아카데미 협회〉의 회원이며 미국 선불교의 청룡종青龍宗 창시자이기도 하다. 그의 법명 대혜大慧는 중국 선불교에서 공안의 사용으로 유명한 선사의 이름이기도 하며 '위대한 지혜'를 뜻한다.

"청룡이 하늘로 날아오른다."
―선필禪筆, 일붕 서경보